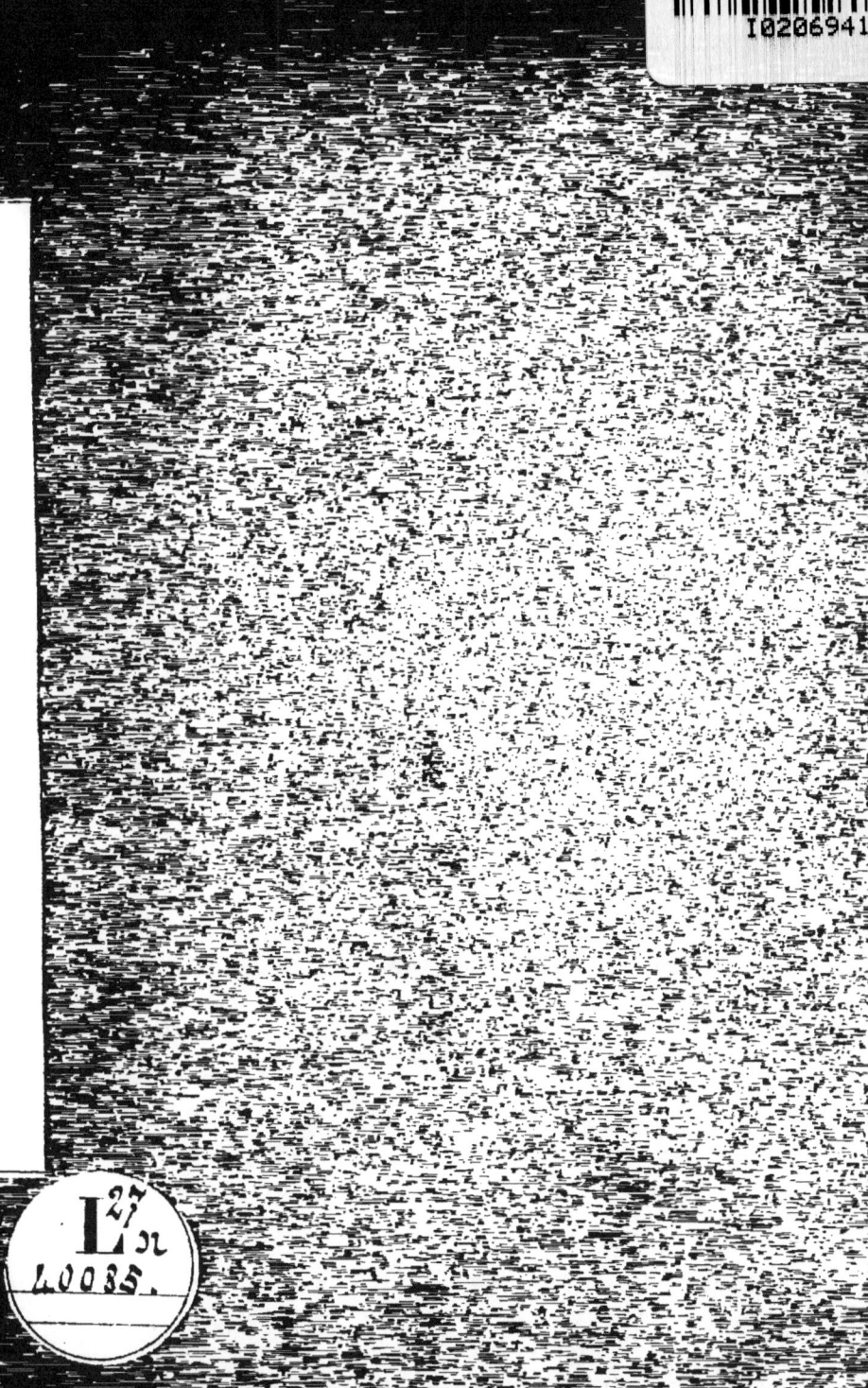

Chers Concitoyens,

Nous vous soumettons avec plaisir les deux articles qui étaient destinés à répondre aux ordures déposées dans le *Courrier du Jura* contre nos institutrices.

Présentés à tous les journaux républicains du département, ils n'ont pu être insérés. Les rédacteurs de ces journaux ayant, depuis longtemps, cessé toute polémique avec le journal des Curés et des Jésuites.

Champvans-les-Dole, le 19 mars 1889.

UN DROLE DE CURÉ

Le sieur Crinquant, curé de Champvans-les-Dole, tout comme M⁸ʳ Freppel, évêque d'Angers, vient d'accoucher laborieusement d'un *petit mandement* à l'occasion du Carême. Lui, il prend à partie nos institutrices laïques.

Nous ne saurions mieux répondre à l'article grotesque du *Courrier du Jura*, dont M. le curé ne peut désavouer la paternité qu'en publiant, tout d'abord, la délibération suivante prise *à l'unanimité*, dans la session ordinaire de février, par le Conseil municipal :

« En raison des progrès très-sensibles faits, depuis la ren-
« trée des classes, par les enfants fréquentant l'Ecole des
« Filles, progrès reconnus et constatés unanimement par
« les parents eux-mêmes, le Conseil municipal, reconnais-
« sant de l'énergie, du zèle et du dévouement que les Ins-
« titutrices apportent dans l'accomplissement de leurs déli-
« cates fonctions, leur vote une somme de 50 fr., à titre de
« gratification. »

Ont signé :

MM. DAUBIGNEY, maire ; TH. JOURDAIN, adjoint ; BALLEY, TARATTE, F. SAUTEREY, MAITRE, VERMAND, GRAND-LAVRUT, LARGEOT, DUTRUT et Victor MICHAUD, conseillers municipaux.

Môssieur le curé, dans sa diatribe, débute par une petite canaillerie en insinuant qu'à l'École normale de Dijon on ne pouvait maitriser le caractère indomptable de M`<sup>`lle`</sup>` V.; or, M`<sup>`lle`</sup>` V., n'a jamais mis les pieds à l'École normale de Dijon. Mais voilà, on avait dans la tête de comparer notre institutrice à une cavale ... indomptable, et l'on n'a pas craint, *ad majorem gloriam Dei*, d'inventer ce petit mensonge là.

Sans doute aussi, on tenait à placer une vieille reminiscence poétique.

« *C'est u e cavale indomptable et rebelle* » d'un compère bien connu de nous tous par ses *excentricités*.

Môssieu le curé n'aurait certainement pas trouvé cela à lui tout seul, les études littéraires qu'il a faites ne lui permettant pas de distinguer un vers d'Hugo ou de Barbier, d'un vers de mirliton ou d'un refrain de cantique.

Mais que dites-vous de l'audace de ce prêtre qui ose parler des formes plastiques d'une femme !

Dites donc, *Môssieu* le curé, où diable avez-vous appris à connaitre ça ? Certes, ce n'est pas au séminaire, ni dans d'autres établissements religieux ; la renommée nous rapporte, tous les jours, que ce ne sont pas ces formes là qui y sont en honneur.

Vous seriez vous livré à cette étude, *Môssieu* le curé, du fond de votre confessionnal ou dans les *Buen retiro* de vos sacristies ?

Brûlons du sucre et passons.

Tous les faits imputés à M`<sup>`lle`</sup>` V., sont faux ou indignement dénaturés, comme l'a prouvée l'enquête faite dans les classes par M. l'Inspecteur primaire lui-même.

Il en est résulté que *Môssieu* le curé en revendrait en hableries au plus menteur des arracheurs de dents.

La vérité, la voici, sans déguisement : N'osant pas s'attaquer aux hommes qui ont laicisé son école congréganiste il deverse sa bile sur des Maîtresses qui n'ont d'autres torts que de s'être rendues aux postes que leurs supérieurs leur assignaient et d'avoir pris au sérieux leur rôle d'éducation des filles du peuple du rang desquelles elles se font une gloire de sortir.

Móssieu le curé représente M{::}^{lle}$ V., comme armée de pied en cap pour faire la guerre aux curés, et raconte qu'elle s'est vantée d'avoir fait supprimer le traitement d'un curé-doyen.

Nouveau mensonge, *Móssieu* le curé, car qui ne sait que le curé auquel vous faites allusion s'est vu supprimer son traitement, pour avoir diffamé en chaire le gouvernement de la République.

Nous espérons que bientôt l'on vous appliquera la même mesure. Cela calmera votre ardeur. Il n'est, paraît-il, meilleure potion pour calmer les nerfs de ces MM. du clergé.

Vous représentez la religion comme persécutée, et c'est vous qui êtes le persécuteur.

A peine nos institutrices installées, elles vont vous faire une visite. Vous les avez reçues grossièrement. Vous avez répondu par un refus à la demande qu'elles vous adressaient de continuer, comme le faisaient les sœurs leurs prédécesseurs, à conduire leurs élèves à l'Eglise et à les surveiller pendant les offices. Vous les avez presque mises à la porte, et si brutalement, paraît-il, que la *tournure* de l'une d'elles faillit se trouver prise dans votre porte.

C'est vous qui avez donné le signal des hostilités, O doux prêtre d'une religion qui prêche la charité !

Aussi, vos amies, membres de la confrérie, *repriseuses* de surplis et de nappes d'autel, et aussi, quelques-unes de vos chanteuses au lutrin, de vomir aussitôt les plus sales injures sur ces malheureuses jeunes filles.

« Voyez-vous, *ces pouffiasses, ces cocotes, ces effrontées*, « qui ont eu le toupet d'aller voir *Móssieu* le curé ? Ah ! il

« les a bien reçues ? » et patati, et patata. Vous savez si ça tourne la langue d'une bigote.

Puis, dans les rues, sur leur passage, on traite Mlle Vauthrey de Louise Michel, on lui tire la langue ; les plus hardies viennent même les insulter jusque sur le seuil de son appartement.

Des polissons, sans doute les frères de ces jeunes filles si bien élevées par les sœurs, agitent la sonnette des institutrices, s'embusquent 'e soir dans leur couloir pour leur faire peur, déposent leurs ordures dans leur corridor, et vont jusqu'à badigeonner leurs cabinets avec un balai trempé dans... ... ce que vous devinez.

Malgré les conseils qui leur ont été donnés par l'autorité municipale, jamais ces demoiselles n'ont pu se résoudre à porter plainte au parquet. Ce n'est donc pas toujours, sous l'habit religieux, *Mòssieu* le curé, que battent les cœurs miséricordieux ! Il faut pourtant en finir...

Eh quoi ! un prêtre pourra autoriser, s'il ne les ordonne pas, toutes ces infamies, et l'on viendra nous dire que le gouvernement qui le paie est désarmé pour le punir ! O ironie ! d'accusé il se fera accusateur ! Il pourra prendre impunément des avis de matamore vis-à-vis des Inspecteurs de l'enseignement, vis-à-vis, même, du Chef du Parquet ! Non non, nous ne voulons pas encore croire cela. Il sera répondu à *Mòssieu* le curé ce que répondait, il y a quelques jours, M. le garde des sceaux à nous ne savons plus quel député boulangiste : « Nous faisons quelquefois des sommations, mais nous n'en recevons de personne. »

Chers concitoyens, avez-vous remarqué l'énergique appel à la poche, en faveur de son école libre, par lequel notre desservant clôturait son réquisitoire contre nos institutrices. Tiens, tiens, tiens ! mais ce serait donc vrai ce que l'on nous a dit, *mossieu* le Curé, que votre caisse (passez moi l'expression un peu triviale) *bat une sacrée dèche ?*

Que voulez-vous ? Tout le monde n'est pas aussi généreux que ce général en activité qui vous a cédé une maison pour y installer vos chères sœurs.

Tenez, M. Crinquant, le bien nommé, nous allons, en finissant vous faire une confession pour laquelle nous ne vous demandons pas le secret professionnel.

Vous faites bien d'injurier *la République* et les rares fonctionnaires républicains qui lui sont dévoués.

Ah ! môssieu le Curé, dans ce doux *far niente* d'une bonne digestion, alors que vous humez avec délices la saveur d'un bon cigare et de quelques verres de *parfait amour* de Champvans, offerts et souvent versés par quelques belles pénitentes aux formes plastiques, que vous devez rire, à soutane déboutonnée, quand cette idée folichonne vous passe par la cervelle que nous devrons le retour de nos chères cornettes à la libéralité d'un commandant de corps d'armée de la République !

X. Y. Z.

Villers-Farlay, le 19 mars 1889.

UN CURÉ

QUI PERD LA BOULE

RÉPONSE

A l'article du COURRIER DU JURA du 15 mars

INTITULÉ

« ENSEIGNEMENT LAÏQUE. — UN TYPE D'INSTITUTRICE »

Le rédacteur du *Courrier du Jura* n'a pas honte d'apposer ses initiales au bas de l'article écœurant désigné ci-dessus. M. A.-P.-B., paraît oublier que nous vivons en France, où la femme qui se respecte est l'objet de tous nos respects, même lorsqu'elle s'insurge contre un curé à cervelle surchauffée.

Cet article, dont la paternité est reversible sur la tête de M. Crinquant, VÉNÉRABLE curé de Champvans, est un petit chef-d'œuvre d'ânerie, et aurait fait donner les étrivières à un élève de seconde qui l'aurait commis. Cette diatribe, loin de déconsidérer Mlle Vauthrey, institutrice laïque à Champvans, la rehaussera dans l'opinion publique, au grand désappointement de son auteur qui n'a recueilli qu'un succès de plume... d'oie.

Le curé, auquel son apostolat fantaisiste procure de nombreux loisirs, va chercher dans la mythologie l'origine de Mlle V..., et la fait sortir, comme Minerve, armée de pied en cap, du cerveau de Jupiter. Cette origine olympienne, n'aurait rien d'humiliant pour Mlle V..., qui pourrait sans désavantage opposer son acte d'état civil à celui du bon curé. Je n'hésite pas à dire, et la suite de cet article prouvera que je suis dans le vrai, que M. Crinquant ne peut descendre que du *père du mensonge !*

Je ne m'abaisserai pas à relever l'insolente comparaison tirée des jambes de Barbier. Parlez-moi d'un curé qui prépare ses sermons en rêvant d'indomptables cavales ! *Le Révérend* prétend que Mlle V... *aurait des formes plastiques très ordinaires et très communes ?* Depuis quand M. le Curé, le genre plastique, rentre-t-il dans votre compétence ! On croit généralement que les choses d'ici-bas ne vous regardent plus, et qu'une fois consigné dans le domaine spirituel, vous n'avez plus le droit de flairer une piste sensuelle, ni de faire l'école buissonnière à Cythère, on peut se tromper de ça.

Ne vous en déplaise, Mlle V..., a les formes que le créateur lui a données, et elle n'a pas à s'en plaindre ; elle peut soutenir un parallèle triomphal avec le *carré de l'hypothénuse de chair et d'os* qui prêche la morale platonique à Champvans. Elle peut lutter pour la grâce avec certaine *cuisine assez propette,* comme dit La Fontaine, qui irait périodiquement épousseter le dortoir et mettre la dernière main au lit de M. le Curé.

M. A.-P.-B. reproche à Mlle V..., « d'être née pour faire la guerre aux curés » quelle est la loi morale qui interdit une guerre défensive ? Sans doute, Mlle V..., recevant un soufflet sur une joue aurait la ressource évangélique de tendre l'autre ; mais il paraît que ce procédé de résignation à outrance n'entre pas dans son programme ; elle préfère montrer ses deux rangées de perles d'ivoire au curé qui lui en fournit l'occasion.

> Cet animal est bien méchant.
> Quand on l'attaque il se défend ;

Vous dites, M. A.-P.-B., avec votre aménité proverbiale, que M`<sup>lle</sup>` V.., — que vous ne connaissez pas — *est indomptable* ? Que pour ce motif, elle aurait été renvoyée de *l'École normale de Dijon* ? C'est une assertion toute gratuite. M`<sup>lle</sup>` V.., *a été pensionnaire, mais n'a jamais mis les pieds à l'École normale de Dijon* ! Elle serait *indomptable* parce qu'elle fait *crânement* face au curé ? Si le curé est indomptable dans ses torts, pourquoi, M`<sup>lle</sup>` V.., ne le serait-elle pas dans ses droits ?

Après avoir un peu brutalement rabaissé les qualités *plastiques* de M`<sup>lle</sup>` V.., vous vous ravisez, et vous reconnaissez — peut-être avec une arrière pensée d'ironie — que M`<sup>lle</sup>` V.. est un beau type. Vous vous emballez, mon révérend, tout en donnant en plein dans la fascination des types féminins. La vérité a été plus forte que votre tempérament, elle s'est échappée du bec de votre plume : une fois n'est pas coutume. Si M`<sup>lle</sup>` V.. a du circassien dans le type, vous ne pourriez en exhiber autant, car votre procréation ne date nullement d'Adonis. Par contre, la voix publique reconnait que votre cerveau est mal équilibré, que votre caractère est hérissé d'aspérités, et vous proclame l'homme de Dieu le plus diabolique de la chrétienté.

Vous figurez dans l'état nominatif des ministres du Dieu de vérité, M. le Curé, mais alors, *ud quid diligitis vanitatem et quantis mendacium ?* D'après votre dire, M`<sup>lle</sup>` V.. se vanterait d'avoir fait supprimer le traitement d'un curé doyen ? Elle vous oppose le plus formel démenti. Le Curé doyen que vous posez en victime de sa méchanceté serait assez loyal, s'il en était requis, pour déclarer que son confrère, M. Crinquant a été mal renseigné et que M`<sup>lle</sup>` V..

a été absolument étrangère à cette rigueur politique.

Assez de prémices comme ça Pénétrons, sans plus tarder, dans le vif de la question. Abordons les faits relevés contre cette institutrice extraordinaire, les faits principaux, bien entendu ; nous n'entrerons pas dans les petits détails ; étalons (pas mal trouvé à propos de cavale) les *monstruosités* reprochées à cette brebis galeuse qui la signalent à l'indignation publique et à la vindicte des lois. La sueur m'inonde rien que d'y penser

Commençons : *Horresco referens !* « A l'église de Champvans, dites-vous, il y a une place réservée à une personne de bonne volonté qui surveillait les petites filles depuis l'exorde des chères sœurs, en attendant de savoir si les institutrices laïques voudraient se charger de cette surveillance. » O Tartufe, tu n'es donc pas mort ! Vous avez osé signer cette prose hypocrite et filandreuse, M. A.-P.-B. ? Tourneriez-vous à l'héroïsme ?

Or, l'institutrice qui remplace les sœurs, et qui sait que cette surveillance lui incombe, se présente pour occuper son poste de surveillance, et M. le Curé, revêtu de son frac sacerdotal, comme pour les exorcismes, vient lui signifier un *vade retro* en due forme, par le motif litigieux, sous prétexte de conserver cette place aux sœurs auxquelles l'autorité a *octroyé* un *congé illimité*. En dédommagement de l'excat, ce bon curé promet une chaise à M¹¹ᵉ V..., qui naturellement décline l'offre galante du révérend et apporte elle-même sa chaise à l'Église.

Comme vous le voyez, ami lecteur, l'affaire se corse, l'horizon se macule de points noirs et les foudres de l'église n'attendent qu'un signal pour se déchaîner sur la *rénitente*.

Allons plus loin. M. le Curé a introduit à l'Eglise de Champvans un usage, nullement canonique, de faire sortir les petites filles avant les grandes. Eh bien ! M¹¹ᵉ V... qui sait que les sœurs faisaient sur ce point. *Comme elles l'entendaient* a eu l'idée *infernale* de faire aussi comme elle l'entendait, d'intervertir l'ordre du Curé et de faire sortir les grandes avant les petites ! Vous figurez-vous une pareille énormité. Et l'insurgée complique cette forfaiture en faisant *tournoyer* sa *tournure* (sic) à la barbe... pardon ! — il n'en a pas — au nez de M. le Curé, cela au GRAND SCANDALE de toute la paroisse. Voilà ce qui s'est passé un beau dimanche.

Vous croyez que c'est tout ? naïfs que vous êtes ! Lisez et frissonnez.

Le dimanche suivant, le curé du haut du Sinaï en bois de chêne, adossé à un pilier de l'Église, tonne — sans accompagnement d'éclairs — contre la violation de ses droits, et prétend, *ex cathedrâ*, faire sortir selon son rituel à lui, les petites avant les grandes. Mlle V.., car je m'aperçois qu'elle est vraiment indomptable, — pétrie d'outrecuidance, persiste dans son impénitence, et refait sortir les grandes avant les petites. Pour le coup, la mesure est comble, et le feu est aux étoupes.

Depuis que la lune sert de flambeau aux amoureux, depuis que les chats guerroient contre les souris, depuis l'an de grâce 1789, a-t-on vu pareil scandale ? Une observation en passant. Si je ne me trompe, le Curé doit loucher ; car, tandis qu'un œil surveille le défilé interlope des grandes avant les petites, l'autre œil reluque avec une opiniâtreté toute profane la *tournure tournoyante* de Mlle V.., ce qui donne une tournure insolite à la chose. Décidément, ça se corse au suprême degré.

Mlle V.., aurait franchi d'un bond toutes les étapes de l'insubordination en insinuant à ses élèves — un vrai comble de perversité — de ne tenir aucun compte des avis du Curé et en laissant danser *dans sa chambre* quelques-unes de ses élèves pendant le sacré temps des vêpres ! Après ça, là on tire le rideau.

M. le Curé avec son imagination furibonde, prétend que Mlle V.. détourne ses élèves de *l'adoration perpétuelle* et des conférences, par pur esprit de malice et de contradiction. Les enfants restent près de l'école volontairement, et ce sont les parents qui, indignés des procédés maniaques du curé, s'efforcent de soustraire, autant que possible, leurs enfants à son influence.

Deux mots de morale pour la bonne bouche.

Si un beau dimanche, Jésus-Christ, le bras armé de son fouet de cordelettes, apparaissait dans l'église de Champvans, au moment du défilé interverti des grandes *avant* les petites, sur quelles épaules se porterait l'agitation de son instrument ? Avant d'arriver à ce beau mouvement de morale en action, il serait en droit de tenir à peu près ce langage au célébrant : « Mon pauvre ami, vous êtes censé
» me représenter dans cette paroisse, mais, avez vous bien
» toutes les qualités requises pour ce ministère. Il ne suffit
» pas, pour être prêtre, d'habiter un presbytère confortable
» et coquet, agrémenté d'un garde manger pareil à un
» magasin de comestibles ; il ne suffit pas, pour exercer le
» sacerdoce de porter une soutane, un rabat, un chapeau
» tricorne, figure idem, de revêtir les insignes sacerdotaux ;
» il ne suffit pas de connaître le décalogue sur le bout du
» doigt, il faut encore le pratiquer ; en un mot il ne suffit
» pas d'être catholique, il faut encore être chrétien. Comme
» sanction de mes paroles et afin de vous les incruster plus
» avant dans la mémoire, comme récompense de vos
» mérites, recevez 100 coups de discipline à partager avec
» vos plus fervents adeptes. Allez et ne péchez plus. »

———

Renseignements pris à Villers-Farlay, où Mlle V.., à demeuré cinq ans.

Je puis vous déclarer sur la foi d'une double source officielle, que cette institutrice, aussi dévouée que capable, qui a eu le courage d'endosser la redoutable mission de diriger l'école laïque à ses débuts, en concurrence avec l'école politico-monastique libre, a pendant la durée de ce lustre, rempli ses fonctions à la complète satisfaction de ses supérieurs, de l'autorité municipale et des parents ; qu'elle a formé d'excellentes élèves qui la respectaient et la chérissaient ; qu'elle a emporté les regrets, mêmes des plus chauds partisans des sœurs ; qu'elle serait encore accueillie à bras ouverts par toute la population y compris M. le Curé, car non-seulement, Mlle V..., n'a jamais eu de conflit avec M. le Curé, mais elle ne lui a jamais causé volontairement de déplaisir par *allures frondeuses* ou par quelque procédé incorrect.

Croyez-moi, M. A.-P.-B., lâchez cet oiseau de proie et abandonnez votre inspirateur d'occasion aux embarras qu'il s'attire à lui-même par son manque de tact, sa déraison, son humeur revêche, rageuse et cassante, par ses volontés despotiques.

Un Flagellant.

DOLE. — IMP. J.-B. PILLOT

www.ingramcontent.com/pod-product-compliance
Lightning Source LLC
Chambersburg PA
CBHW070532050426
42451CB00013B/2973